Mapas del océano

Planos de coordenadas

Julia Wall

Créditos de publicación

Editora
Sara Johnson

Directora editorial
Dona Herweck Rice

Editora en jefe
Sharon Coan, M.S.Ed.

Directora creativa
Lee Aucoin

Editora comercial
Rachelle Cracchiolo, M.S.Ed.

Créditos de imagen

La autora y los editores desean agradecer y reconocer a quienes otorgaron su permiso para la reproducción de materiales protegidos por derechos de autor: portada, (fondo, abajo y derecha) Shutterstock; pág. 1 Corbis; pág. 4 The Photolibrary; pág. 6 The Photolibrary; págs. 7–9 Shutterstock; pág. 10 Alamy (arriba), NOAA (abajo); pág. 11 Shutterstock; pág. 12 Shutterstock; pág. 14 Alamy; pág. 15 NOAA; pág. 16 The Photolibrary; pág. 17 Alamy; pág. 18 The Photolibrary; pág. 19 NOAA; pág. 20 NOAA; pág. 21 NOAA; pág. 22 Shutterstock; pág. 23 (abajo) Alamy, Corbis (arriba); pág. 25 The Photolibrary; pág. 26 The Photolibrary; pág. 27 Istock Photos.

Diagramas de Miranda Costa

Teacher Created Materials
5301 Oceanus Drive
Huntington Beach, CA 92649-1030
http://www.tcmpub.com

ISBN 978-1-4938-2948-4

Océanos: Tanta agua 4

Encontrar el camino 6

Coordenadas de un mapa 11

Debajo de la superficie 13

Los secretos de las ondas sonoras 14

Nuevas maneras de ver el mar 18

Ojos en el cielo 22

La tendencia cambiante de la tecnología 26

Actividad de resolución de problemas 28

Glosario 30

Índice 31

Respuestas 32

Océanos: Tanta agua

Casi tres cuartos de la superficie de la Tierra están cubiertos de agua. La tecnología moderna nos ha ayudado a aprender sobre los océanos como nunca antes. Sin embargo, hay grandes áreas del océano que aún son un misterio. Los océanos del mundo son tan grandes y profundos que aún no se han trazado mapas de muchas regiones.

Las olas del océano pueden ser grandes y potentes.

Océanos de la Tierra

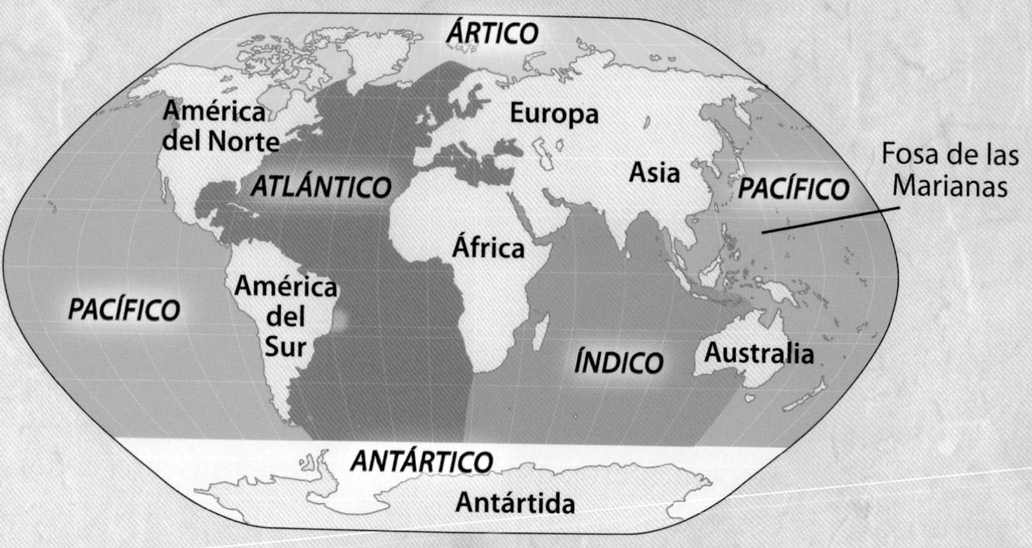

La Tierra tiene 5 océanos: el Pacífico, el Atlántico, el Índico, el Ártico y el Antártico. En conjunto, cubren un área de 138,910,300 millas cuadradas (359,776,025 km^2). El punto más profundo se encuentra a 36,198 pies (11,033 m) por debajo de la superficie del océano Pacífico. Se llama la fosa de las Marianas.

Profundidades del océano

Nombre	Punto más profundo (pies)	Punto más profundo (metros)
Océano Ártico	15,305	4,665
Océano Antártico*	23,736	7,235
Océano Índico	23,812	7,258
Océano Atlántico	28,231	8,605
Océano Pacífico	36,198	11,033

* El Océano Antártico se identificó y nombró en el año 2000.

Encontrar el camino

Siempre ha sido un desafío navegar los océanos de la Tierra. Durante siglos, las personas han usado barcos para viajar y transportar mercancías de un lugar a otro. Antes del trazado de los mapas, los marineros usaban **mitos** e historias sobre viajes anteriores como ayuda para **navegar**.

Los marineros también usaban las estrellas del cielo nocturno para encontrar su camino. Para ellos, el cielo era como un mapa gigante. Los marineros sabían que en el **hemisferio** norte, la estrella polar les mostraba en qué dirección se encontraba el norte.

Luz de estrella, brillo de estrella

La estrella polar se ubica sobre el polo norte. La estrella polar también se conoce como estrella del norte, estrella de navegación y estrella de los navegantes. También se llama Stella Maris, que significa "estrella del mar" en latín.

En el siglo XII, muchos marineros comenzaron a usar una herramienta llamada brújula. La brújula los ayudaba a encontrar la dirección. Una brújula muestra 4 direcciones principales: norte, sur, este y oeste. Cada dirección tiene una ubicación que se mide en **grados**. El norte está a 0° (360°), el este está a 90°, el sur está a 180° y el oeste está a 270°.

EXPLOREMOS LAS MATEMÁTICAS

Usar un **plano de coordenadas** es similar a usar un mapa. Las **coordenadas** son una buena manera de encontrar lugares. Hacen referencia a la **intersección** de las líneas en los planos de coordenadas. Este plano de coordenadas muestra la ubicación de las estrellas en el cielo nocturno. Las estrellas están rotuladas con letras. Usa el siguiente plano de coordenadas para determinar cuál estrella está ubicada en cada coordenada. *Pista*: Las coordenadas siempre se leen a lo largo y luego, hacia arriba o abajo.

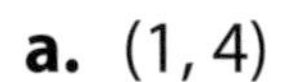

a. (1, 4)

b. (4, 3)

c. (2, 1)

d. (1, 2)

e. (3, 2)

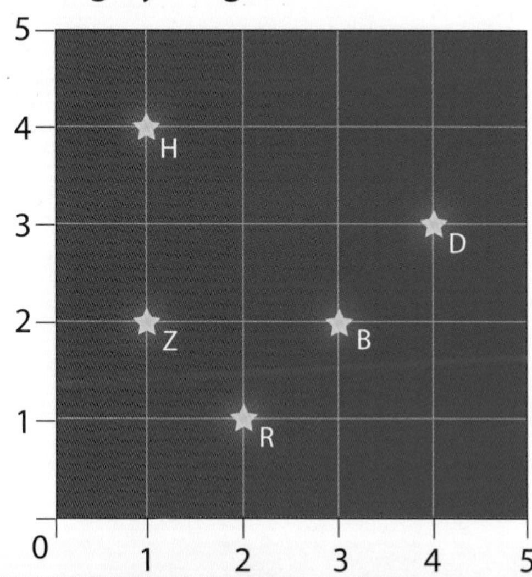

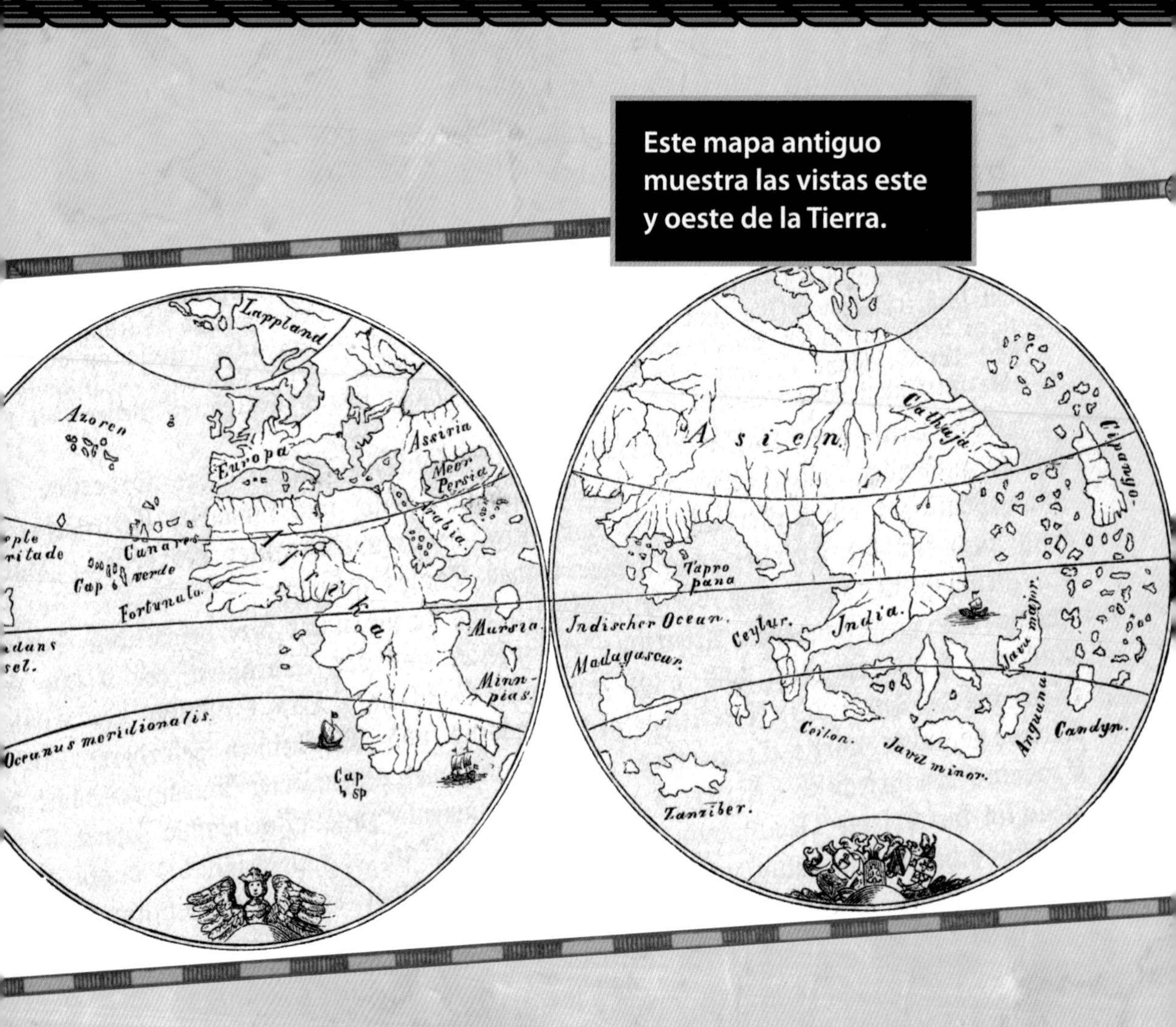

Este mapa antiguo muestra las vistas este y oeste de la Tierra.

Para el siglo XIV, había muchos cartógrafos. Tenían mapas del mundo basados en medidas y **puntos de referencia**, en lugar de historias y mitos. A partir de entonces, los marineros pudieron orientarse en los océanos con mucha más facilidad.

Incluso después del trazado de mejores mapas de los océanos, muchas personas aún creían que la Tierra era plana. Pensaban que si uno navegaba lo suficientemente lejos a través del océano, ¡llegaría al borde de la Tierra y se caería!

Cristóbal Colón creía que la Tierra era redonda. Por eso, navegó desde España hacia el oeste para tratar de alcanzar las rutas comerciales en el Lejano Oriente. En lugar de eso, encontró América. Casi 30 años más tarde, la tripulación de Magallanes demostró que la Tierra era redonda **circunnavegando** la Tierra.

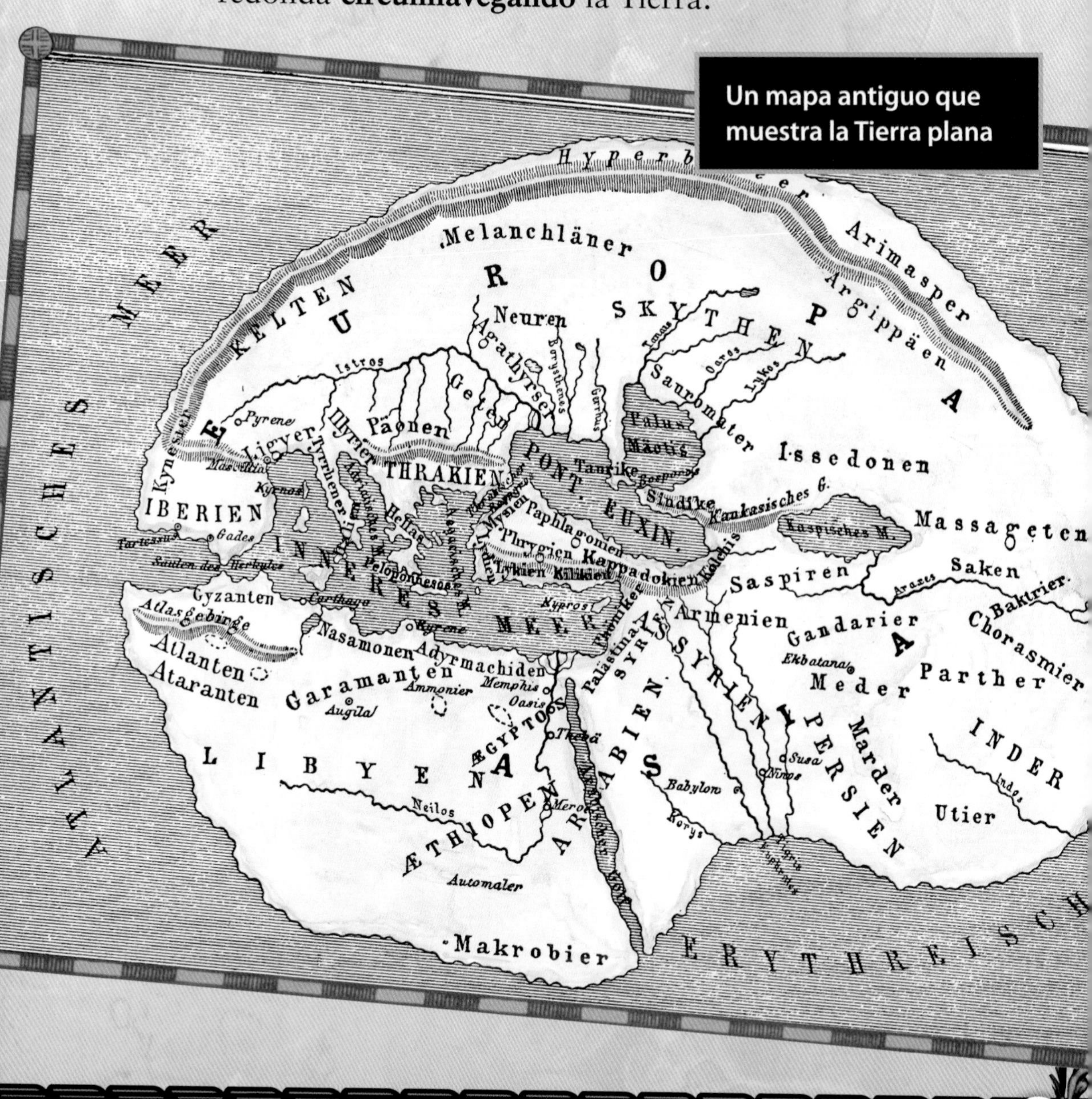

Un mapa antiguo que muestra la Tierra plana

Los mapas del océano también se llaman cartas náuticas.

En la actualidad, los mapas del océano muestran mucha información útil. Ayudan a los marineros a navegar y rescatar personas perdidas en el mar. Ayudan a los científicos a proteger la vida **marina**. Se usan para pronosticar el clima y los cambios del medio ambiente.

Los investigadores marinos también usan mapas del océano para encontrar buques naufragados en el suelo del océano.

El naufragio del *Titanic*

Coordenadas de un mapa

Los cartógrafos usan líneas de **latitud** y **longitud** para convertir a la Tierra en una enorme cuadrícula. Las coordenadas de una cuadrícula se usan para proporcionar la ubicación de cualquier lugar en la tierra o en la superficie del océano.

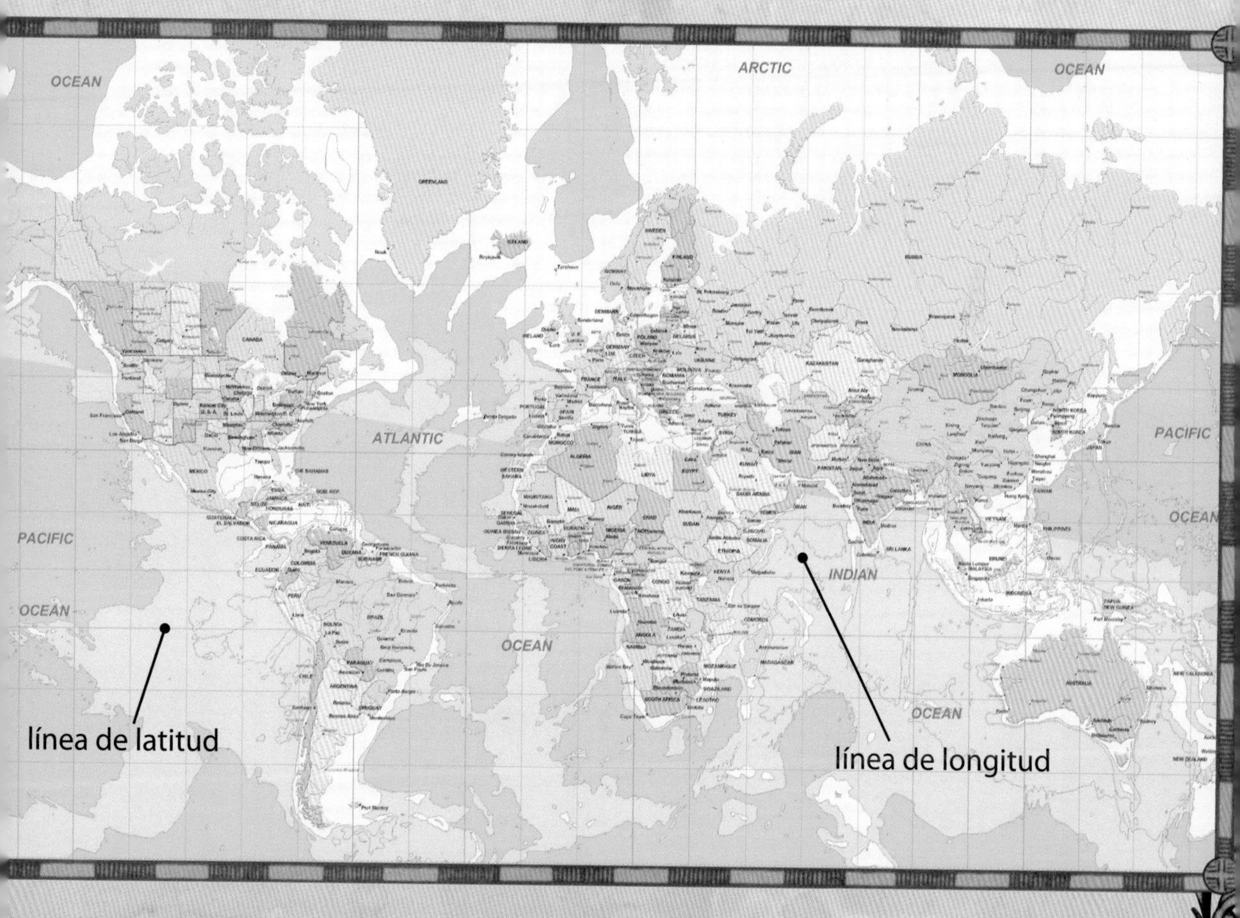

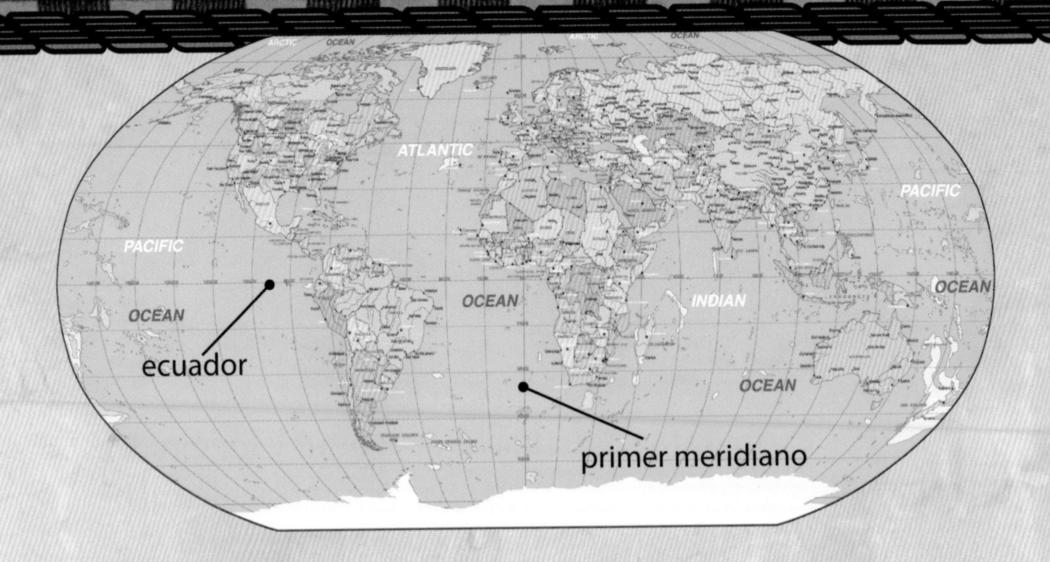

Las líneas de latitud son **paralelas** al **ecuador**. Indican qué tan al norte o al sur del ecuador se encuentra un lugar. Las líneas de longitud se extienden desde el polo norte hasta el polo sur. Indican qué tan al este o al oeste del **primer meridiano** se encuentra un lugar. Las coordenadas de latitud y longitud se miden en grados (°). Se escriben con los símbolos °N, °S, °E u °O; por ejemplo, 45°O.

EXPLOREMOS LAS MATEMÁTICAS

Escribe las coordenadas de estas islas:

a. Isla T

b. Isla X

c. Isla W

d. Isla L

e. Isla G

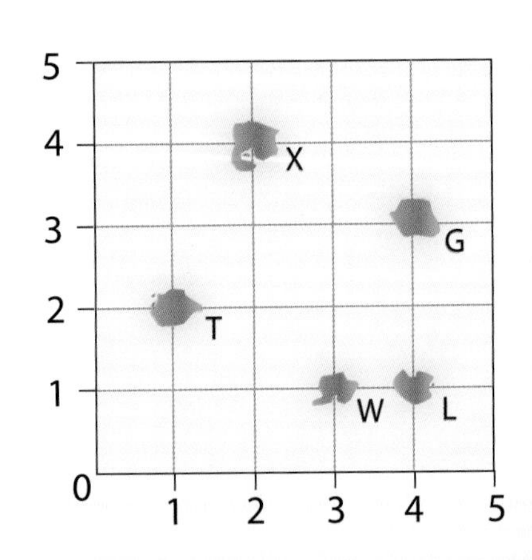

Debajo de la superficie

Para elaborar mejores mapas del océano, los científicos necesitan averiguar más sobre el suelo del océano. El suelo del océano no es plano. Al igual que la superficie de la Tierra, el suelo del océano tiene montañas, cumbres, valles y llanuras.

El primer método para medir la profundidad del océano era muy simple. Se introducía en el mar una cuerda con un peso. Cuando tocaba el fondo, se medía la longitud de la cuerda.

Este diagrama muestra el método que usaban los científicos hace mucho tiempo al medir la profundidad del océano.

Los secretos de las ondas sonoras

Más adelante, los científicos comenzaron a usar **ondas sonoras** para explorar el suelo del océano. Descubrieron que las ondas sonoras podían rebotar en los objetos debajo del agua. Medían el tiempo que duraban las ondas sonoras en rebotar de regreso a la estación de medición.

Montañas submarinas

¿Sabías que la cordillera más larga de la Tierra se encuentra debajo del océano? La dorsal mesoatlántica se extiende desde el océano Ártico y desciende por el océano Atlántico. ¡Supera la suma de las longitudes de los Andes, las Rocosas y el Himalaya!

Dorsal mesoatlántica

Un dibujo de la Máquina de sondeo Sigsbee

En la década de 1870, un almirante de la Marina de Estados Unidos llamado Charles Sigsbee creó una máquina que usaba tecnología de ondas sonoras. La Máquina de sondeo Sigsbee se usó para crear el primer mapa moderno del golfo de México. Esta es una de las partes más profundas de los océanos del mundo.

La Máquina de sondeo Sigsbee solamente podía medir la profundidad en un lugar a la vez. Cada medida se registraba y luego se calculaba una profundidad **promedio**.

En la década de 1950, se inventó el sistema de barrido lateral **sónar**. Sónar significa navegación por sonido (SOund NAvigation Ranging). Los barcos remolcaban **sensores** en las profundidades del agua. Los sensores enviaban ondas sonoras al exterior por cientos de millas del suelo del océano. Esto permitía a los científicos medir la profundidad a lo largo de un área muy grande a la vez.

En la actualidad, los científicos relacionan estas mediciones con otros datos que han recolectado. Usan computadoras para crear mapas en 3D que muestran el aspecto del suelo marino de la Tierra.

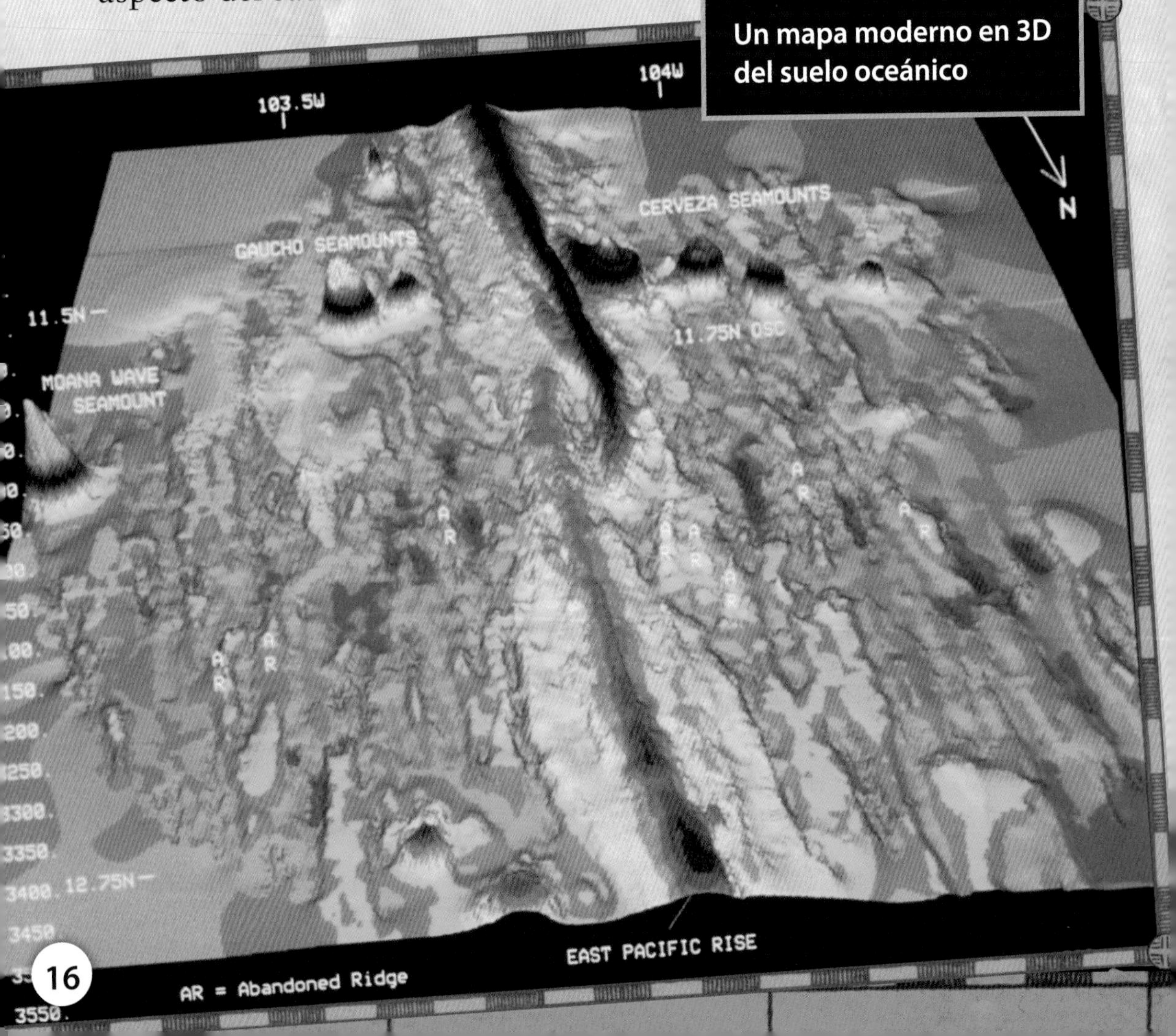

Un mapa moderno en 3D del suelo oceánico

Los sistemas de sónar se usan para trazar mapas del océano, encontrar vida marina, registrar las corrientes oceánicas y comunicarse con **submarinos**.

La pantalla de la derecha de este bote usa el sónar para mostrar la profundidad del agua.

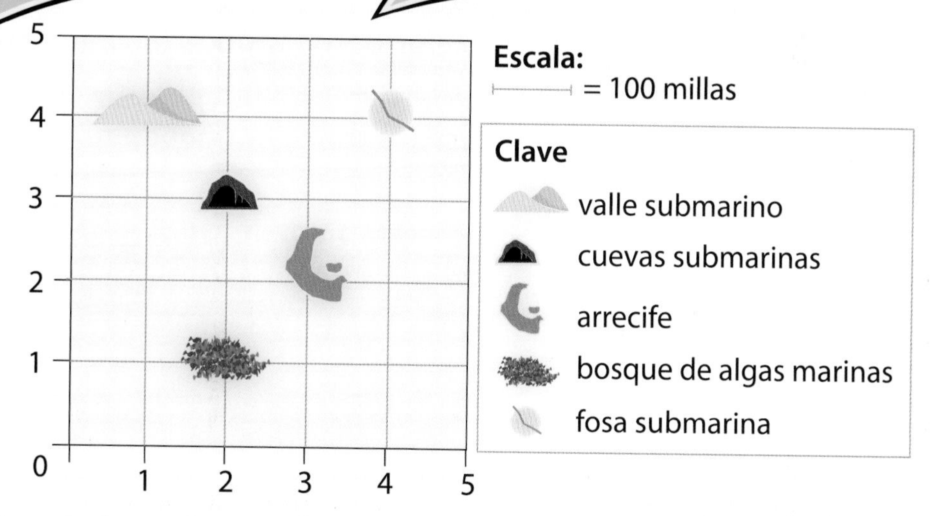

Usa el plano de coordenadas, la clave y la escala para responder las siguientes preguntas.

Proporciona las coordenadas para lo siguiente:

a. el valle submarino

b. las cuevas submarinas

¿Qué encontrarás en estas coordenadas?:

c. (2, 1)

d. (3, 2)

e. (4, 4)

f. Aproximadamente, ¿a qué distancia se encuentra el bosque de algas marinas del valle submarino? *Pista*: Usa la escala para averiguar tu respuesta. No puedes moverte en diagonal.

Nuevas maneras de ver el mar

En la década de 1960, se desarrollaron tres nuevas herramientas para averiguar más sobre el océano. La primera fue el sistema de sónar de barrido cercano al fondo llamado Deep Tow. Con este sistema, se hace descender un sensor desde un bote y se ubica justo por encima del suelo oceánico. El sensor recopila datos sobre los ángulos en los que el suelo del océano presenta pendientes.

Se introduce un sensor Deep Tow en el océano.

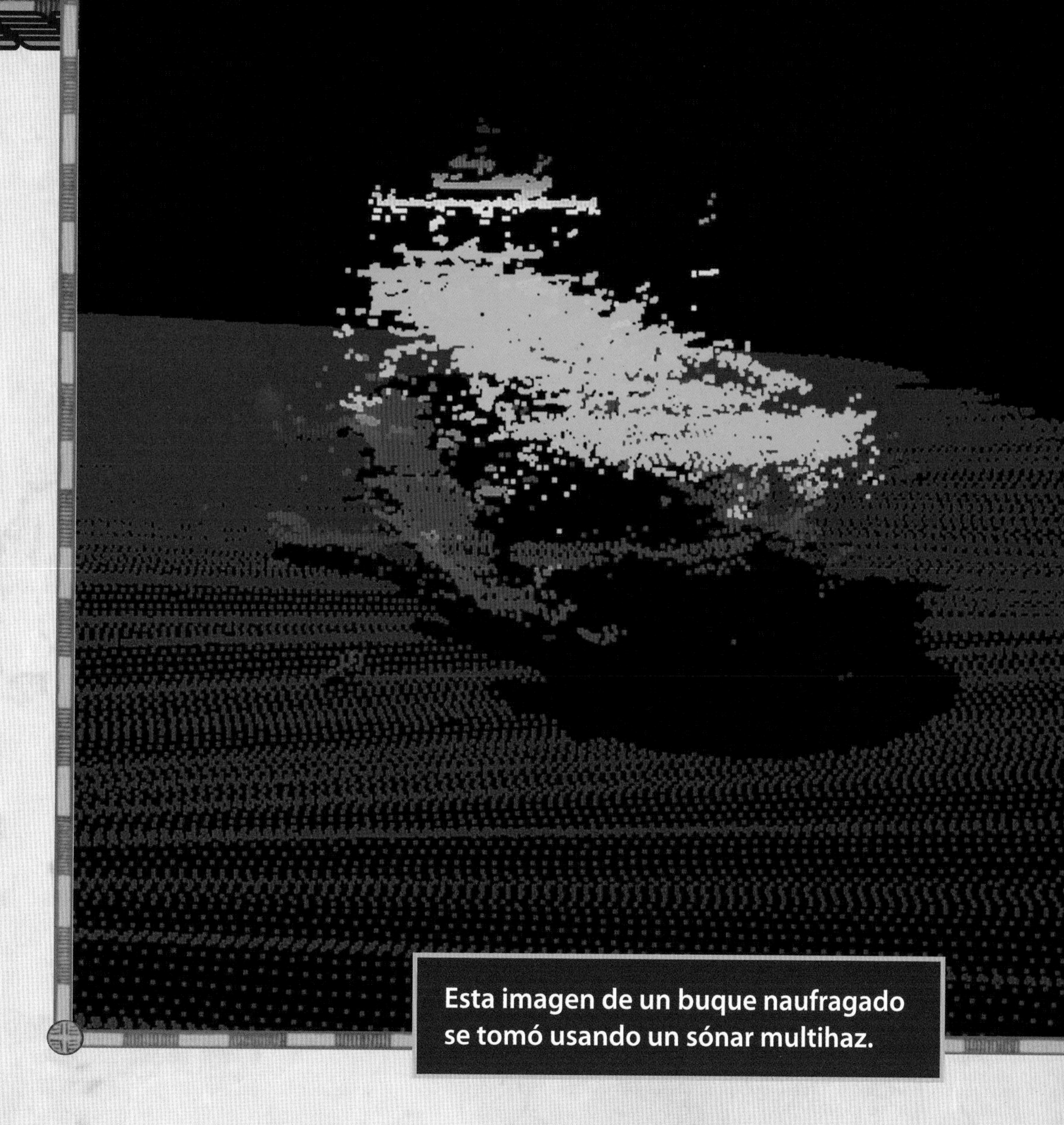

Esta imagen de un buque naufragado se tomó usando un sónar multihaz.

La segunda herramienta fue el sistema de sónar multihaz. Los sensores conectados a la parte inferior de un barco envían haces en forma de abanico. Los haces recolectan información sobre la profundidad del océano y la composición del suelo oceánico. Estos datos se combinan con las coordenadas de latitud y longitud para trazar mapas muy precisos del suelo oceánico.

La tercera herramienta fue el **sumergible**. Los científicos usan estos pequeños vehículos submarinos para explorar en detalle el suelo del océano. Un sumergible usa un único haz de sónar que se mueve en muchos ángulos respecto al suelo oceánico. Se recolecta mucha información de un área pequeña.

Un sumergible

EXPLOREMOS LAS MATEMÁTICAS

Crea tu propio mapa. Dibuja este plano de coordenadas. Haz marcas en tu plano de coordenadas para mostrar lo siguiente:

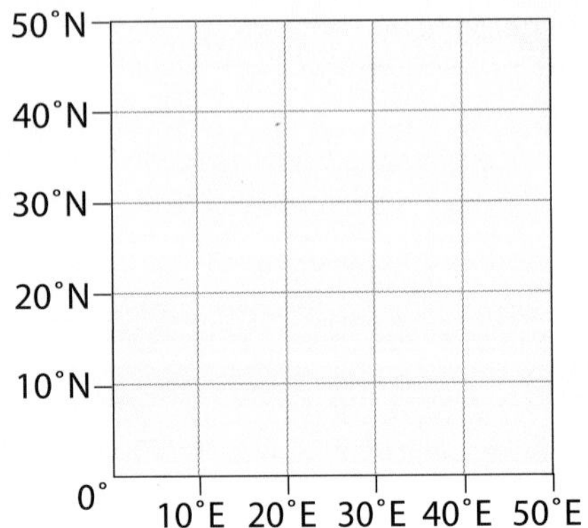

a un buque naufragado ubicado en (10°E, 40°N).

b. un grupo de rocas puntiagudas ubicadas en (40°E, 30°N).

c. un arrecife ubicado en (20°E, 10°N).

d. una isla ubicada en (30°E, 40°N).

Crea una clave para explicar el contenido agregado a tu plano de coordenadas.

Los primeros sumergibles llevaron a científicos e investigadores a las profundidades del océano. En la actualidad, los científicos usan ROV. ROV significa vehículo de operación remota (Remotely Operated Vehicle). En su interior no viaja nadie. Los ROV tienen cámaras y sensores que recolectan información sobre la latitud, la longitud y la profundidad. Pueden viajar a profundidades de 20,000 pies (6,096 m).

Un ROV explora el suelo del océano.

¡Descubrimiento!

En 1985 los investigadores usaron un ROV para encontrar y explorar el naufragio del *Titanic*. La ubicación de este buque naufragado había sido un misterio durante más de 70 años.

El director cinematográfico James Cameron usó un sumergible para rodar partes de su película, *Titanic*. Éste viajó 12,378 pies (3,773 m) debajo del océano Atlántico.

Ojos en el cielo

La tecnología GPS usa información de **satélites** para encontrar cualquier lugar de la Tierra de manera rápida y precisa. GPS significa Sistema de posicionamiento global (Global Positioning System). Hay 24 satélites que se usan para el GPS. Las computadoras deben recibir señales de al menos 3 de estos satélites para encontrar las coordenadas de latitud y longitud.

La tecnología GPS puede usarse en barcos, aviones e incluso en autos. Funciona con cualquier clima, en cualquier parte del mundo, las 24 horas del día.

Un satélite GPS **orbita** alrededor de la Tierra.

Un investigador marca un lugar submarino de un buque naufragado usando postes de metal y cuerda de color.

Cuando los investigadores encuentran el lugar de un naufragio, usan la tecnología GPS a bordo de sus barcos para registrar las coordenadas de latitud y longitud. Esto significa que pueden regresar al lugar sin tener que recurrir a la memoria o a puntos de referencia que pueden cambiar con el paso del tiempo. Los marineros perdidos en el mar pueden usar herramientas GPS **portátiles** para enviar sus ubicaciones a los equipos de rescate.

Un rescate en el mar

La tecnología GPS puede encontrar una ubicación en la superficie del océano, pero no puede encontrar una ubicación debajo del agua. Para hacer esto, los científicos deben usar la tecnología GIS. GIS significa Sistemas de información geográfica (Geographic Information Systems).

EXPLOREMOS LAS MATEMÁTICAS

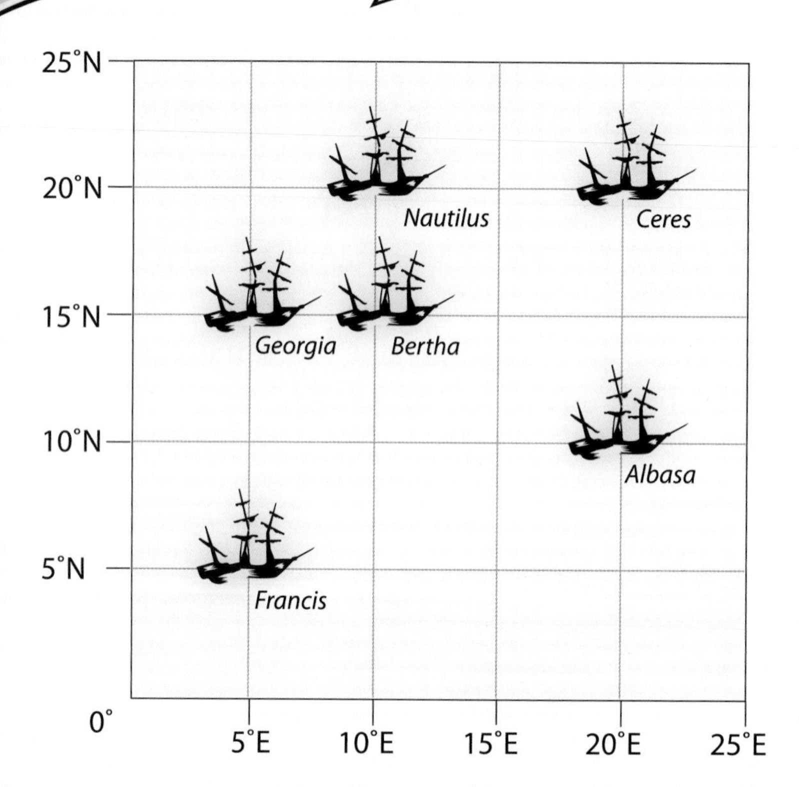

Este mapa muestra los buques naufragados en la Costa de Naufragios. Escribe las ubicaciones de cada buque naufragado usando las referencias de latitud y longitud.

GIS emplea datos submarinos de los sistemas de sónar y datos de la superficie del GPS. También usa datos acerca del suelo oceánico. Toda esta información se combina para crear mapas en 3D del suelo del océano. Estos mapas ayudan a los científicos a entender y predecir cómo se comporta el océano. Los científicos también pueden usar esta información para aprender acerca de la vida en el océano. Pueden aprender dónde viven los animales marinos y qué cantidad de éstos hay en un área.

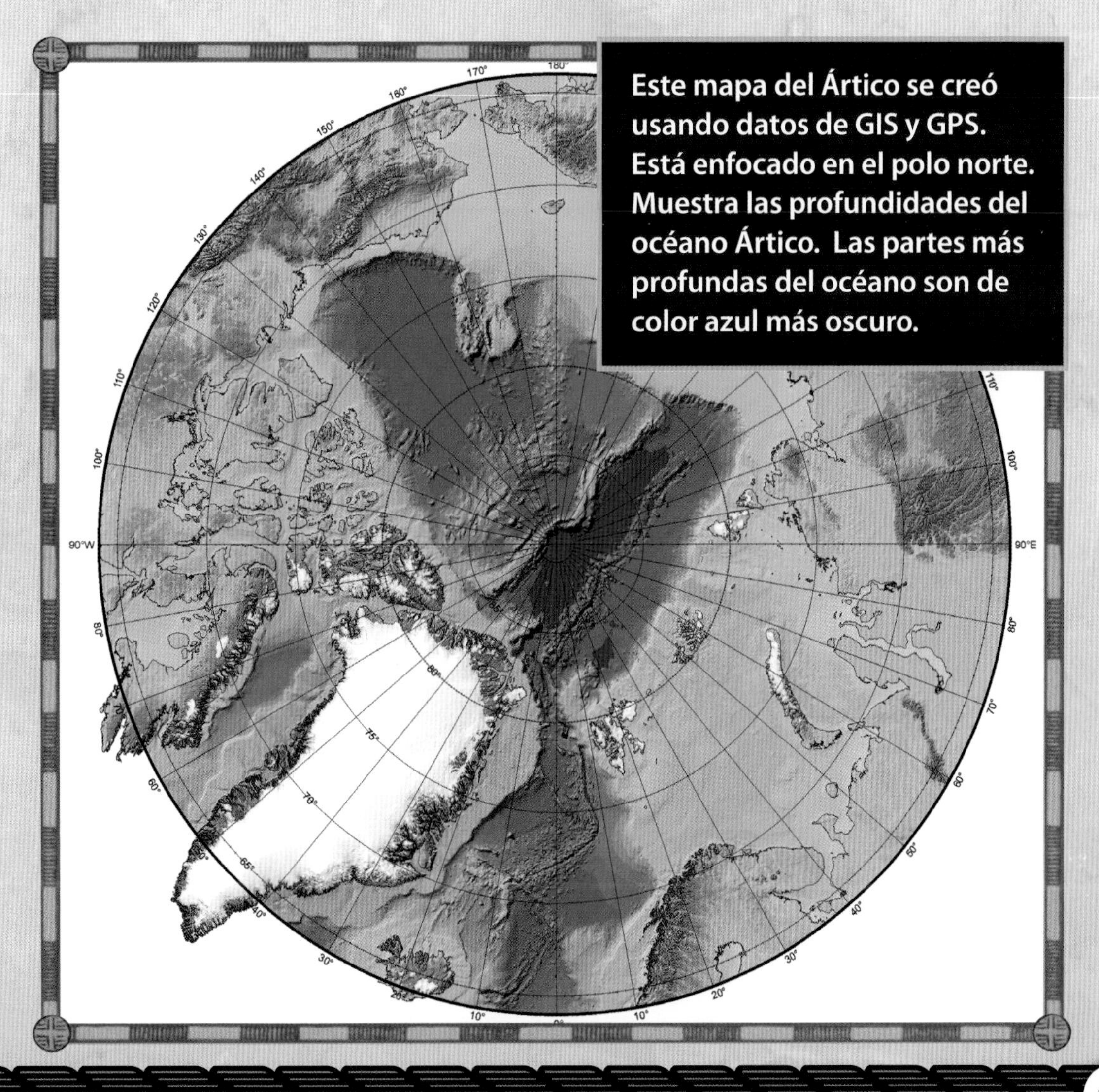

Este mapa del Ártico se creó usando datos de GIS y GPS. Está enfocado en el polo norte. Muestra las profundidades del océano Ártico. Las partes más profundas del océano son de color azul más oscuro.

La tendencia cambiante de la tecnología

Hace muchos años, la exploración y la navegación del océano eran muy difíciles. Navegar los océanos de la Tierra aún puede ser desafiante. Pero la tecnología moderna para uso en los océanos ayuda a los marineros a navegar con mayor facilidad. Los investigadores marinos también pueden encontrar una ubicación en el océano y medir su profundidad con rapidez y precisión.

Esta es una imagen en 3D del suelo oceánico cerca de Los Ángeles en Estados Unidos. Los científicos pueden usar este tipo de mapa del mar para estudiar áreas en las que pueden producirse terremotos submarinos.

Leones marinos en el suelo oceánico

La tecnología que se usa en la actualidad para trazar mapas del suelo oceánico es mucho más avanzada que las primeras cuerdas con pesos que se enviaban al fondo del océano. En la actualidad, los investigadores conocen mucho más que simplemente las profundidades de los océanos. Pueden crear mapas que nos muestran el aspecto del suelo oceánico. Y nosotros podemos aprender sobre la vida marina que se encuentra debajo de la superficie del océano.

ACTIVIDAD DE RESOLUCIÓN DE PROBLEMAS

Costa de Naufragios

Se te ha entregado un mapa con un plano de coordenadas. Éste muestra la ubicación de buques naufragados en un área pequeña pero peligrosa del océano. También muestra la ubicación del tesoro hundido.

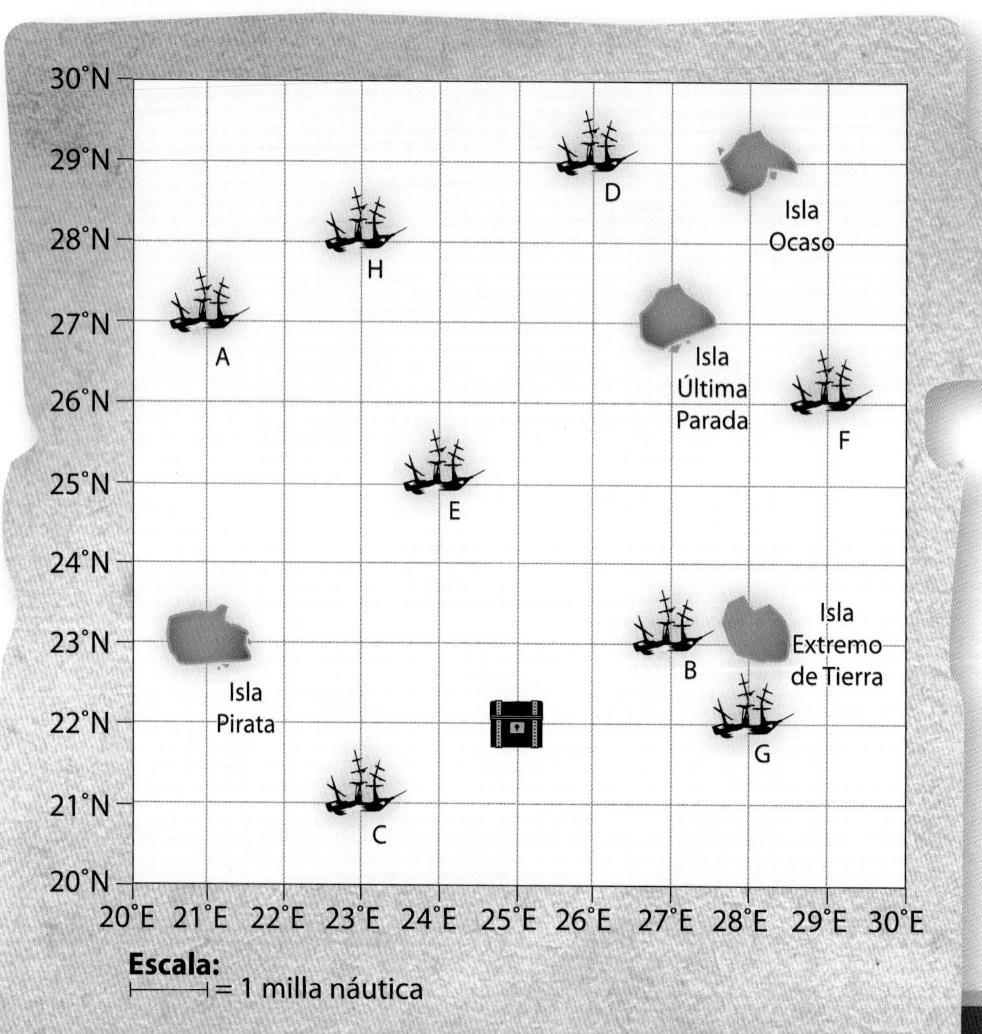

¡Resuélvelo!

Usa el mapa con el plano de coordenadas para responder estas preguntas.

a. Escribe las coordenadas correspondientes a cada buque naufragado.

b. ¿Qué isla se encuentra en las coordenadas (27°E, 27°N)?

c. ¿En qué isla estarías si estuvieras en (28°E, 23°N)?

Ahora usa la escala y la carta náutica para responder estas preguntas. *Pista*: Puedes moverte a lo largo, o hacia arriba y abajo, pero no en diagonal.

d. Aproximadamente, ¿a cuántas millas náuticas de la Isla Última Parada se encontraba el buque naufragado F antes de hundirse?

e. Aproximadamente, ¿a cuántas millas náuticas se encuentra la Isla Ocaso del buque naufragado D?

Los registros nos indican que los barcos estaban en busca del tesoro hundido.

f. ¿Qué barcos estaban más cerca del tesoro cuando naufragaron? Indica las distancias.

g. ¿Qué barco estaba más lejos del tesoro cuando naufragó? ¿Qué tan lejos estaba?

Glosario

circunnavegando: conduciendo un barco en un recorrido alrededor de la Tierra

coordenadas: puntos numerados en un plano de coordenadas

ecuador: una línea imaginaria alrededor del centro de la Tierra

grados: unidades de medida que muestran dirección y ubicación

hemisferio: la mitad norte o sur de la Tierra

intersección: el punto en el que se cruzan 2 líneas

latitud: la distancia de una ubicación al norte o al sur

longitud: la distancia de una ubicación al este o al oeste

marina: relacionada con el mar

mitos: leyendas del pasado

navegar: conducir por un recorrido establecido

ondas sonoras: los patrones invisibles formados por los sonidos a medida que viajan por el agua o el aire

orbita: se mueve en círculo alrededor de la Tierra en el espacio

paralelas: en la misma dirección; nunca se cruzarán

plano de coordenadas: un plano con 2 ejes, x e y, usado para graficar coordenadas

portátiles: capaces de ser transportados o movidos

primer meridiano: el meridiano de 0° de longitud a partir del cual se calculan las otras longitudes

promedio: el total de los números de un conjunto dividido por la cantidad de números del conjunto

puntos de referencia: marcadores concretos como islas o costas

satélites: objetos que los científicos envían al espacio para que orbiten alrededor de otros cuerpos y envíen señales de regreso a la Tierra

sensores: objetos que envían y reciben señales

sónar: un objeto que envía ondas sonoras y recibe señales

submarinos: buques que pueden viajar sobre el agua o por debajo de ésta

sumergible: un vehículo que viaja por debajo del agua

brújula, 7
cartas náuticas, 10
cartógrafos, 8, 11
Colón, Cristóbal, 9
coordenadas, 7, 11–12, 19, 22, 23
De Magallanes, Fernando, 9
Deep Tow, 18
dorsal mesoatlántica, 14
ecuador, 12
estrella polar, 6
fosa de las Marianas, 5
investigadores marinos, 10, 21, 26
latitud, 11, 12, 19, 21, 22, 23
longitud, 11, 12, 19, 21, 22, 23
mapas en tres dimensiones (3D), 16, 26
Máquina de sondeo Sigsbee, 15
marineros, 6, 7, 8, 10, 26
medidas de profundidad, 5, 13, 15–17, 19, 21, 25–27
navegar, 6, 10, 26
ondas sonoras, 14–17
primer meridiano, 12
satélites, 22
sensores, 16, 18, 21
Sigsbee, Charles, 15
Sistemas de información geográfica (GIS), 24–25
Sistemas de posicionamiento global (GPS), 22–23, 24, 25
sónar, 16, 17, 18, 19, 20, 25
sónar de barrido cercano al fondo, 18
sónar de barrido lateral, 16
sónar multihaz, 19
suelo oceánico, 13, 16, 18, 19, 20, 21, 25
sumergibles, 20–21
tecnología, 4, 15, 22–23, 24, 26, 27
Titanic, el, 10, 21
vehículo de operación remota (ROV), 21

RESPUESTAS

Exploremos las matemáticas

Página 7:

a. Estrella H
b. Estrella D
c. Estrella R
d. Estrella Z
e. Estrella B

Página 12:

a. (1, 2)
b. (2, 4)
c. (3, 1)
d. (4, 1)
e. (4, 3)

Página 17:

a. (1, 4)
b. (2, 3)
c. bosque de algas marinas
d. arrecife
e. fosa submarina
f. alrededor de 400 millas

Página 20:

Los símbolos variarán, pero el diseño debería tener el formato que se indica a continuación.

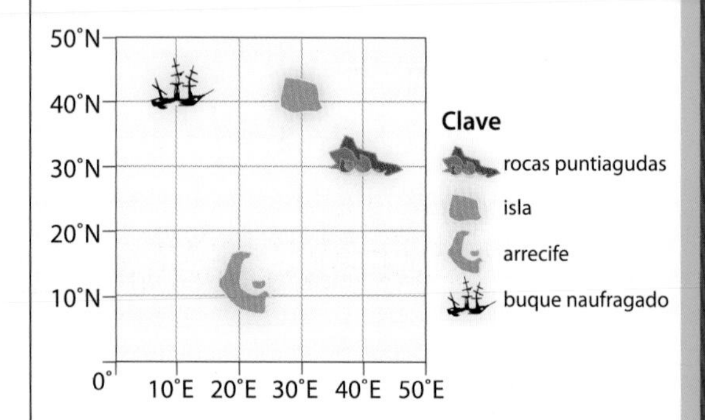

Página 24:

Georgia: (5°E, 15°N)
Francis: (5°E, 5°N)
Bertha: (10°E, 15°N)
Nautilus: (10°E, 20°N)
Ceres: (20°E, 20°N)
Albasa: (20°E, 10°N)

Actividad de resolución de problemas

a. buque naufragado A: (21°E, 27°N); buque naufragado B: (27°E, 23°N); buque naufragado C: (23°E, 21°N); buque naufragado D: (26°E, 29°N); buque naufragado E: (24°E, 25°N); buque naufragado F: (29°E, 26°N); buque naufragado G: (28°E, 22°N); buque naufragado H: (23°E, 28°N)
b. Isla Última Parada
c. Isla Extremo de Tierra
d. alrededor de 3 millas náuticas
e. alrededor de 2 millas náuticas
f. Los barcos G, C y B estaban más cerca del tesoro. Todos estaban a alrededor de 3 millas náuticas del tesoro.
g. El barco A estaba más lejos del tesoro. Estaba a alrededor de 9 millas náuticas de distancia.